AF591468

16° R
5336

...QUE DE PHILOSOPHIE SPIRITUALISTE MODERNE
... DES SCIENCES PSYCHIQUES

LA MORT

D'APRÈS CAMILLE FLAMMARION

« Le corps n'est qu'un vêtement organique de l'Esprit ; il passe, il change, il se désagrège : *l'Esprit demeure.* »

C. F.

Avec un Avant-Propos
et une Lettre de JEAN MEYER

Prix : 3 francs

ÉDITIONS JEAN MEYER (B.P.S.)
8, Rue Copernic, 8
PARIS (16e)

1923

16° Q
746

BIBLIOTHÈQUE DE PHILOSOPHIE SPIRITUALISTE MODERNE
ET DES SCIENCES PSYCHIQUES

En Vente dans les principales Librairies en France et à l'Étranger
et dans les Bibliothèques des Gares.

ALLAN KARDEC

Le Livre des Esprits *(Philosophie Spiritualiste)*. 70e mille. In-16, 546 pages . . . . 6 fr.
Le Livre des Médiums *(Spiritisme Expérimental)*. 54e mille. In-16, 514 pages. 6 fr.
L'Evangile selon le Spiritisme. 54e mille. In-16 . . . 6 fr.
Le Ciel et l'Enfer *ou la Justice Divine selon le Spiritisme*. 26e mille. In-16, 500 pages . . . . 6 fr.
La Génèse, les Miracles et les Prédictions selon le Spiritisme. 24e mille In-16, 462 pages . . . . . 6 fr.
Œuvres posthumes. 10e mille. In-16, 448 pages. . . . 6 fr.
Qu'est-ce que le Spiritisme? 50e mille. In-16, 186 pages. 2 fr. 50
Instruction pratique sur les Manifestations Spirites. Deuxième édition. In-16, 160 pages . . . . . . 2 fr. 50
Le Spiritisme à sa plus simple expression . . . . 0 fr. 50

LÉON DENIS

Après la Mort. 48e mille. In-12, 440 pages . . . . . . 6 fr.
Dans l'Invisible *(Spiritisme et Médiumnité)*. 452 pages . 6 fr.
Christianisme et Spiritisme. In-12, 428 pages. . . . 6 fr.
Le Problème de l'Être et de la Destinée. In-12 . . . 6 fr.
Jeanne d'Arc médium. In-12, 450 pages. . . . . . 6 fr.
La Grande Enigme *(Dieu et l'Univers)*. In-12, 342 pages. 5 fr.
Le Monde Invisible et la Guerre. In-12, 296 pages . . 5 fr.

GABRIEL DELANNE

Le Spiritisme devant la Science. 9e mille. In-16. . . 6 fr.
Recherches sur la Médiumnité. In-16, 528 pages. . . 6 fr.
L'Ame est Immortelle. In-16, 344 pages. . . . . . 6 fr.
La Réincarnation *(Documents pour servir à son étude)*. *(En préparation.)*

CAMILLE FLAMMARION

La Mort (d'après Camille Flammarion). In-16, 64 pages . 0 fr. 75

WILLIAM CROOKES

Recherches sur les Phénomènes du Spiritualisme. Nouvelle édition, avec fig. In-16, 202 pages . . . . 3 fr.
Discours récents sur les Recherches Psychiques. In-16. 1 fr.

MAYENNE, IMPRIMERIE FLOCH

LA MORT

D'APRÈS CAMILLE FLAMMARION

16° R
5336

BIBLIOTHÈQUE DE PHILOSOPHIE SPIRITUALISTE MODERNE
ET DES SCIENCES PSYCHIQUES

LA MORT

D'APRÈS CAMILLE FLAMMARION

« Le corps n'est qu'un vêtement organique de l'Esprit ; il passe, il change, il se désagrège : *l'Esprit demeure.* »

C. F.

Avec un Avant-Propos
et une Lettre de ***JEAN MÉYER***

Prix : 0 fr. 75

PARIS
LIBRAIRIE DES SCIENCES PSYCHIQUES
42, rue Saint-Jacques (V^e^)

1923

ŒUVRES DE CAMILLE FLAMMARION

(Extrait du Catalogue Général)

ÉTUDES PSYCHIQUES

La Mort et son Mystère — I. *Avant la Mort* (40ᵉ mille). Un fort volume in-18 . . . . 7 50

La Mort et son Mystère. — II. *Autour de la Mort* (25ᵉ mille). Un fort volume in-18. . . . . 8 50

La Mort et son Mystère. — III. *Après la Mort* (20ᵉ mille). Un fort volume in-18 . . . . 8 50

Les Forces Naturelles Inconnues. — Deux volumes avec photographies spirites (16ᵉ mille) . . . . 14 »

L'Inconnu et les Problèmes psychiques. Deux volumes in-12 (26ᵉ mille). 13 50

La Pluralité des Mondes habités. Un vol. in-12. Illustré de planches hors texte (45ᵉ mille) . . . . 12 »

Lumen. Roman sidéral. Un vol. in-18 relié (70ᵉ mille). . . 2 50

Dieu dans la Nature. *Le Spiritualisme et le Matérialisme devant la Science moderne.* Deux volumes in-12 (34ᵉ mille). 10 »

Uranie. Roman sidéral. Un vol. in-12. Illustré (38ᵉ mille) . 6 »

Stella. Roman sidéral. Un vol. in-12 (14ᵉ mille) . . . . . 8 »

Mémoires philosophiques. Un vol. in-12. Illustré . . . . 5 »

Rêves étoilés. Un vol. in-12 (142ᵉ mille). . . . . 7 »

La Fin du Monde. Un vol. in-12. Illustré (20ᵉ mille) . . . 7 50

Demandez le Catalogue des

Œuvres Complètes de Camille FLAMMARION

à Ernest FLAMMARION, éditeur, 26, rue Racine, Paris.

AVANT-PROPOS

CAMILLE FLAMMARION
et
LE PROBLÈME DE LA VIE APRÈS LA MORT

Nous pensons être utiles à la propagation populaire des nouvelles vérités acquises en résumant les résultats obtenus par les observations consignées dans les trois volumes de **La Mort et son Mystère,** *publiés consécutivement en 1920, 1921 et 1922.*

Voici les sommaires de ces volumes :

I. — AVANT LA MORT

Erreur du positivisme matérialiste. — Dynamisme de l'univers et de l'homme. — Facultés intrinsèques de l'âme. — Le monde psychique. — La volonté agissant à distance. — Transmission de pensées. — Le temps et l'espace. — La vue sans les yeux, par l'Esprit. — La connaissance de l'avenir.

II. — AUTOUR DE LA MORT

Les doubles de vivants. — Apparitions expérimentales. — La pensée productrice d'images. — Scènes de mourants vues à distance. — Avertissements annon-

çant la mort. — Sensations télépathiques. — Phénomènes accompagnant la mort. — Manifestations et apparitions au moment du décès.

III. — APRÈS LA MORT

Manifestations et apparitions de morts. — Morts revenus pour affaires personnelles. — Testaments retrouvés. — Révélations posthumes. — Classification des apparitions dans l'ordre des distances au décès. — Réhabilitation des revenants. — Témoignages d'identités. — La survivance prouvée par l'observation. — Le spiritisme.

Ces sommaires mettent sous les yeux le plan de ce grand et capital ouvrage. Suivant sa méthode scientifique rationnelle accoutumée, l'auteur a commencé par les vivants et prouvé tout d'abord l'existence de l'âme comme entité indépendante du corps, douée de facultés psychiques spéciales, qui ne peuvent être attribuées à des combinaisons moléculaires. Il a terminé par les preuves de la survivance.

A MON GRAND ET VÉNÉRÉ AMI

L'ouvrage admirable par lequel vous venez de consacrer le labeur de toute une vie, a une telle importance pour l'éducation des masses — cette éducation à laquelle votre esprit apostolique a si largement contribué sans jamais amoindrir votre pensée hautement scientifique — que j'ai cru nécessaire d'en répandre largement la connaissance.

Je vous remercie d'avoir permis la réalisation de ce projet, de m'avoir consenti le grand honneur et la joie d'une collaboration bien modeste à votre effort d'instruction générale ; cet effort est votre grand titre de gloire, un titre à la reconnaissance publique des humbles comme des plus érudits chercheurs de vérités.

Vous avez appelé de nombreux esprits à l'étude d'abord curieuse, puis passionnée du ciel physique, des astres qui peuplent, par milliers, l'immensité mystérieuse. Votre dernier livre ouvre maintenant à des foules anxieuses la voie d'un autre ciel, en leur révélant l'horizon merveilleux des au-delà de la vie.

Vous avez longtemps éclairé les cerveaux ; voilà que, désormais, vous illuminez les âmes. Vous êtes le premier savant français, qui, secouant la lourde et vaine chape du matérialisme, ose souligner l'erreur d'un siècle et affirmer que la Mort n'existe pas.

La Mort n'existe pas ! En proclamant cette certitude du haut de l'imposant édifice de faits que votre patient labeur a construit en plus d'un demi-siècle, vous avez honoré la Vérité et vous vous êtes honoré par Elle.

Et vous entrez vivant dans l'Immortalité !

On a récemment glorifié en pleine Sorbonne votre existence toute pleine d'un ardent amour pour la recherche scientifique, but des efforts constants de l'humanité. Nous savons, nous spirites, ce que nous devons à votre beau courage, à votre claire et lucide vision des transcendances de l'âme : notre pensée reconnaissante vénère en vous le missionnaire élu de l'Esprit de Vérité.

Jean MEYER.

Paris, 1922.

La mort est notre destinée commune. Les richesses matérielles s'acquièrent et se perdent. Que ta vie s'inspire de la plus pure justice! Sois irréprochable devant les autres et devant toi-même. Saisis toutes les occasions de t'instruire. Tu mèneras ainsi une vie hautement agréable.

Médite ces pensées. Quand tu en seras pénétré, tu arriveras à concevoir la constitution de Dieu, des hommes et des choses, et à te rendre compte de l'unité de la nature entière. Tu connaîtras alors cette loi universelle que, partout dans le monde la matière et l'esprit sont identiques en principe.

Poursuis l'œuvre d'affranchissement de ton âme en faisant un choix judicieux et réfléchi en toutes choses, de façon à assurer le triomphe de ce qu'il y a de meilleur en toi, de l'Esprit. Alors, quand tu abandonneras ton corps mortel, tu t'élèveras dans l'éther et, cessant d'être mortel, tu revêteras toi-même la forme d'un dieu immortel.

PYTHAGORE.

LA MORT
D'APRÈS CAMILLE FLAMMARION

Je dis que le tombeau qui sur les morts se ferme,
Ouvre le firmament,
Et que ce qu'ici-bas nous prenons pour le terme,
Est le commencement.

Victor Hugo (*Les Contemplations*).

Le dernier ouvrage de Camille Flammarion, *La Mort et son Mystère*, est une documentation scientifique fondée sur un ensemble d'observations coordonnées pendant plus d'un demi-siècle, dont on a vu à peine la dixième partie, et sa rédaction n'a pas occupé moins de trois années. Ces faits, dûment constatés, prouvent que la mort n'existe pas, qu'elle n'est qu'une évolution, que l'être humain survit à cette heure suprême, laquelle n'est pas du tout l'heure dernière. *Mors janua vitæ* : la mort est la porte de la vie. Le corps n'est qu'un vêtement organique de l'esprit; il passe, il change, il se désagrège : l'esprit demeure. La matière est une apparence pour le corps de l'homme comme pour tout le reste. L'univers est un dynamisme. Une force intelligente régit tout. L'âme est indestructible.

Un penseur écrivait à Flammarion après la publication du tome II de ce travail : « Votre troisième volume nous donnera-t-il sur la survivance de l'âme la même certitude que les premiers nous ont apportée sur l'existence réelle de cette âme ? S'il ne la donne pas, nous n'avons plus qu'à nous laisser mourir de désespoir [1], en nous voyant réduits à admettre que le hasard nous a créés, qu'il n'y a aucune vérité morale, ni aucune justice, et que, de toutes les souffrances semées au cours de la vie, nulle moisson féconde ne doit lever. Une réponse négative de vous serait l'anéantissement définitif de tout ce qui constitue la noblesse de l'humanité. » (*Lettre 4743*).

Eh bien ! l'affirmation souhaitée est désormais établie et les lecteurs ont reçu la satisfaction qu'ils désirent.

N'est-ce pas là, d'ailleurs, le souhait séculaire des êtres pensants, exprimé à toutes les époques et dans toutes les langues ? C'est le cri de la nature, et la science expérimentale nous apporte aujourd'hui cette assurance.

Les lecteurs qui ont eu la volonté et le temps de lire les mille deux cent soixante-cinq pages des trois volumes de *La Mort et son Mystère* sont arrivés à la conviction que l'être humain possède en lui un élément non compris jusqu'ici dans les théories scientifiques classiques : une âme pensante, douée

1. Au moment de mettre sous presse, nous lisons cette tragique information dans *l'Intransigeant* : « Bridgeport (Etats-Unis), 13 octobre. Raymond Bradley, étudiant, âgé de 17 ans, s'est tué aujourd'hui. Dans un mot qu'il a laissé, il explique que la raison principale de son suicide est que, après avoir lu les *Misérables* de Victor Hugo, il en est venu à douter de l'existence de Dieu. » On sait que Victor Hugo était profondément spiritualiste; le jeune étudiant américain n'a donc pas compris le grand écrivain français, mais son geste tragique montre un des dangers de l'athéisme, le même que le correspondant de M. Flammarion lui signalait. (N. de l'E.)

de facultés spéciales ; et ils savent aussi que cette âme ne subit pas la désagrégation du corps et lui survit.

Les conclusions acquises dans cet ouvrage vont plus loin que celles publiées précédemment dans l'*Inconnu* (1900) et dans *Les Forces naturelles inconnues* (1906). L'auteur a procédé lentement, progressivement, dans cette élaboration graduelle. Ses certitudes antérieures étaient :

1° L'AME EXISTE COMME ÊTRE RÉEL, INDÉPENDANT DU CORPS ;

2° ELLE EST DOUÉE DE FACULTÉS ENCORE INCONNUES A LA SCIENCE ;

3° ELLE PEUT AGIR A DISTANCE, TÉLÉPATHIQUEMENT, SANS L'INTERMÉDIAIRE DES SENS ;

4° IL EXISTE DANS LA NATURE UN ÉLÉMENT PSYCHIQUE EN ACTIVITÉ, DONT L'ESSENCE NOUS RESTE ENCORE CACHÉE.

Aujourd'hui on peut ajouter :

5° L'AME SURVIT A L'ORGANISME PHYSIQUE ET PEUT SE MANIFESTER APRÈS LA MORT.

Les transmissions entre les esprits des vivants ont été constatées avec certitude à toutes les distances ; la télépathie est aussi certaine que l'existence de Napoléon, de l'oxygène et de Sirius. Eh bien, *cette transmission télépathique existe également entre les âmes des défunts et celles des vivants.*

Les observations les plus incontestables ne permettent pas de douter qu'au moment de la mort l'âme (quelle que soit sa nature) agisse à distance, à des kilomètres, et des centaines et des milliers de kilomètres, sur l'esprit des vivants, fasse entendre des coups, des bruits variés, souvent violents, et montre l'image du mourant, sans des aspects également variés. Elles affirment aussi l'action *après la mort* ; l'enquête ouverte en 1899 et continuée depuis, a donné des résultats démonstratifs.

D'après l'ensemble des faits observés, si concordants, si nombreux, si précis, les propositions suivantes sont établies sur des bases irrécusables :

1° Les êtres humains décédés, ce que l'on appelle des *morts*, existent encore après la dissolution de l'organisme matériel ;

2° Ils existent en substances invisibles, intangibles, que nos yeux ne perçoivent pas, que nos mains ne peuvent toucher, que nos sens ne peuvent apprécier dans les conditions normales habituelles ;

3° En général, ils ne se manifestent pas. Leur mode d'existence est tout différent du nôtre. Ils agissent parfois sur notre esprit et, en certaines circonstances, peuvent prouver leur survivance ;

4° En agissant sur notre esprit et par là sur notre cerveau, ils sont vus et perçus par nous sous des formes sensibles : nous les voyons tels que nous les avons connus, avec leurs vêtements, leurs allures, leurs exercices, leur personnalité. C'est notre œil intérieur qui les voit. C'est une perception d'âme à âme ;

5° Ce ne se sont pas là des hallucinations, des visions imaginaires. Ce sont des réalités. L'être invisible devient visible ;

6° Ils peuvent aussi se manifester sous des formes objectives ;

7° Dans un grand nombre de cas, les apparitions

de défunts ne sont pas intentionnelles. Le mort n'agit pas expressément sur le spectateur. Il semble qu'il continue vaguement certaines habitudes, qu'il erre dans les lieux où il a vécu ou non loin du sépulcre ; mais n'oublions pas que ce sont là des appréciations humaines de notre part, et que la distance ne compte pas pour les esprits. De l'âme émanent des ondes éthérées qui, en touchant le percipient, se transforment en images pour le cerveau récepteur vibrant syntoniquement ;

8° Les apparitions et manifestations sont relativement fréquentes dans les heures qui suivent immédiatement le décès ; leur nombre diminue à mesure que l'on s'en éloigne, et s'atténue de jour en jour ;

9° Les âmes séparées des corps conservent longtemps leur mentalité terrestre. Chez les catholiques, des demandes de prières sont souvent exprimées. C'est là un fait d'observation qu'il serait important d'analyser au point de vue de la psychologie humaine et transcendantale.

Ces déclarations, conclues de l'ensemble des observations, représentent les cas généraux des apparitions de défunts. Il y a des cas différents, des variantes, des exceptions diverses. Mais le principe désormais établi est la certitude de l'existence d'une entité persistante, d'un dynamisme continuant la personnalité.

Ces déductions sont affirmées sur l'observation expérimentale ; tout chercheur impartial, doué de quelque esprit d'analyse et se livrant à une investigation sérieuse de cet ordre, arrivera aux mêmes résultats.

Il n'y a pas rupture entre cette vie et l'autre.

Il y a continuité. La personnalité demeure. Différence d'état considérable, toutefois. Biens matériels n'existant plus ; souffrances physiques, infirmités supprimées. En général, incompréhension par le défunt de son état nouveau. Sommeil, rêve, incohérences. Parfois, facultés accrues. La merveilleuse métamorphose des insectes, de la chenille à la chrysalide et au papillon, nous présente une image lointaine et grossière du phénomène posthume. Déploiement des ailes de la *Psyché*. Vie spirituelle dans l'éther. Exercice des facultés à travers l'immensité. L'esprit désincarné n'est pas confiné dans notre espace et vit dans la quatrième dimension, dans l'hyperespace [1]. Il ne peut communiquer que difficilement avec les vivants ; il lui faut pour cela entrer dans notre sphère d'activité, pénétrer des cerveaux, se matérialiser pour ainsi dire, s'exprimer par des moyens mécaniques. L'action des êtres invisibles sur nous peut être plus générale qu'elle ne le paraît, et même passer inaperçue de presque tout le monde : on est trop préoccupé des affaires vitales pour la remarquer.

Reconnaissons que ces manifestations posthumes ne sont pas celles que nous attendions en conformité avec nos observations terrestres coutumières. Elles flottent à côté de ce qui nous semble qu'elles devraient être. C'est un tout autre monde, un monde inconnu, inexploré, d'aspect incompréhensible à étudier, et dont il est difficile d'éliminer notre propre association terrestre.

1. Pour l'étude de la quatrième dimension et de l'hyperespace, on peut lire avec fruit la dissertation de l'astronome NEWCOMB, publiée par M. Flammarion en 1899 et insérée dans *Rêves étoilés*, p. 343-360.

Ces difficultés sont pour nous une forte pierre d'achoppement et nous obligent à une extrême réserve dans nos interprétations. Que d'objections se dressent devant nous ! Il nous semble que nos amis les plus chers devraient être à notre disposition et se manifester toujours. Des êtres dont nous attendons les témoignages restent muets. Les communications sont, la plupart du temps, d'une vulgaire banalité et ne nous apprennent rien sur « l'autre monde ». Les esprits supérieurs qui, dans quelque branche que ce soit, philosophes, savants, écrivains, artistes, ont contribué au progrès de l'humanité, ne sont pas revenus nous instruire. Ces objections et cent autres, obstruent notre loyal désir de connaître la vérité. Signalons-les sans renoncer à notre étude. Elles nous invitent d'abord à penser qu'il n'y a pas plus d'égalité entre les morts qu'entre les vivants ; une diversité infinie distingue les âmes entre elles, depuis les plus élevées jusqu'aux plus humbles. Pour le moment, tout ce que nous pouvons affirmer, c'est que la dissolution du corps ne supprime pas l'esprit et que, dans certaines circonstances, celui-ci donne le témoignage de sa survivance.

Conjointement avec le monde matériel, il existe un monde psychique dont la réalité est aussi certaine que celle du monde visible. Les deux mondes s'interpénètrent.

Les communications les plus fréquentes sont celles de parents et d'amis. Ils sont là, ou, pour mieux dire, la distance n'existe pas pour eux. Une circonstance imprévue suffit pour déceler leur présence. Les défunts manifestent leur survivance sous les aspects les plus variés.

Ce sont là des *observations*, ne l'oublions pas, aussi réelles que toutes celles dont se compose la vie quotidienne... Elles nous mettent en présence de manifestations posthumes, extrêmement variées et presque toutes inexplicables pour nous. Les idées et les croyances des vivants y sont souvent associées, et il est difficile de les éliminer pour en détacher exactement ce qui appartient à l'autre monde.

Ce qui résulte le plus clairement de toutes ces observations, c'est qu'il existe en nous « quelque chose » d'inconnu, systématiquement écarté jusqu'à ce jour dans toutes les théories scientifiques, et que ce « quelque chose » survit à la désagrégation du corps terrestre, à la transformation de nos molécules matérielles, lesquelles d'ailleurs, au point de vue strictement scientifique, ne peuvent pas être détruites non plus. Qu'on l'appelle « principe, élément, atome psychique, âme, esprit » peu importe le nom. Les manifestations (intentionnelles ou involontaires) des trépassés prouvent que cette force intrinsèque de chaque être peut, en certains cas, et pendant un temps assez long, être rattachée par des liens extrêmement subtils à la vie terrestre. Mais rien ne démontre que telle soit la situation normale des désincarnés. Le changement qui se produit entre la vie humaine et l'après-mort implique une nouvelle adaptation de l'état psychique bien difficile à saisir par nous, incarnés.

Ces déductions sur l'existence des âmes au delà du tombeau et leur action sont pour M. Flammarion d'autant plus certaines qu'il a mis plus de temps à les constater, à les vérifier, à les adopter, De l'année 1861 à l'année 1922, il y a plus de soixante ans.

*

Une étude impartiale de cette étendue offre en elle-même une garantie de sa valeur scientifique. Il serait logique de voir ceux qui nient ces observations avoir un examen du même ordre à leur opposer.

Les discussions très nombreuses inspirées par ce sujet si complexe montrent qu'en général, on ne se rend pas exactement compte du caractère de ce formidable problème. On peut remarquer, parmi les intransigeants, deux catégories distinctes : les catholiques intolérants qui sont convaincus de connaître les éléments de la vie future, un ciel, un purgatoire et un enfer, et qui sachant tout, n'ont rien à apprendre; les matérialistes non moins convaincus de l'inexistence de l'âme et qui voient en tout des manifestations de la matière organisée. Ce n'est donc pas à eux que ces pages s'adressent, puisqu'ils ne sont pas impartiaux et ont un jugement négateur préconçu. Mais les lecteurs libres de tout parti-pris peuvent désirer des éclaircissements indispensables pour édifier leur opinion personnelle.

Les faits sont certains. Les explications sont à trouver. C'est ici le lieu de remarquer que nous ne connaissons rien d'absolu. Toute la science humaine se réduit à une perception de rapports entre les apparences : elle est une île minuscule au sein de l'inconnaissable absolu. Dès le premier ouvrage écrit par Flammarion (*La Pluralité des Mondes habités*, 1862), cet astronome a tout spécialement insisté sur ce point capital de la philosophie moderne. On peut lire, en effet, le titre Relativité essentielle des choses, en tête des pages 249-253 de cet ouvrage, et cette affirmation :

La science humaine tout entière, de l'alpha à l'oméga de nos connaissances, *n'est que l'étude des rapports.* Pas un point d'absolu dans l'édifice de nos sciences, quelque merveilleux qu'il paraisse. L'esprit humain cherche à connaître des rapports; c'est là tout ce qu'il peut oser, et c'est de la comparaison des choses à une unité arbitraire prise pour base que résulte la valeur de nos connaissances. La physique de l'univers, sous la corrélation des forces qui, sans cesse, transforment leur action à travers la substance, ne saurait nous fournir un élément en repos que nous puissions prendre pour point de repère dans nos recherches sur la nature.

Ces lignes étaient écrites en 1862. Le jeune auteur ne se doutait pas à quel point les progrès de la science les confirmeraient jusqu'à l'heure à laquelle le lecteur lit ces lignes.

L'essence des forces de la nature nous reste cachée. Ce n'est pas parce que la science a inventé des mots que nous avons pénétré les mystères.

Qu'est-ce que l'attraction universelle ? L'attraction entre les mondes est depuis longtemps soumise au calcul des astronomes. L'attraction entre les esprits, la communication invisible, la télépathie existent aussi réellement. Elles seront un jour rigoureusement calculées. Et rien ne prouve que des communications psychiques ne seront pas établies entre les mondes, entre Mars ou Vénus et la Terre, entre les diverses terres du Ciel.

L'esprit régit tout, depuis la moindre molécule jusqu'à l'intelligence humaine, démonstration déjà faite antérieurement [1].

1. *Dieu dans la nature*, 1866.

Tout se touche, mais le monde de la pensée n'est pas le monde de la matière, et nous pouvons répéter pour la centième fois, que le matérialisme est une erreur insoutenable. On ne voit pas un raisonnement tel, par exemple, que celui de juger, de réfléchir, d'affirmer, de conclure, assimilé à une combinaison mécanique de molécules de fer ou de carbone. Le monde de la pensée est d'un autre ordre. On ne voit pas non plus un assemblage de molécules quelconque arriver à penser simplement que deux et deux font quatre ou calculer que les trois angles d'un triangle sont égaux à deux angles droits. Oui, le matérialisme est une erreur. En supposant comme substratum de l'univers des forces mécaniques inconscientes, aveugles et hostiles, on propose pour l'avenir l'anéantissement final de toute vie, par suite du refroidissement planétaire et de la dissipation de l'énergie, tandis que le spiritualisme nous montre une puissance directrice intelligente et morale sauvegardant l'idéal, et une évolution ascendante de tous les êtres. Et puis, en réalité, répétons le, qu'est-ce que la matière elle-même ? Il n'y a que des différences d'état (non de nature) entre un bloc de glace et un nuage. Le mot *matière* n'est qu'un mot. L'analyse de ce qu'il représente atteint actuellement à des aspects d'une futilité fantastique. Il paraît, d'après des calculs rigoureux et des expériences très précises, qu'un milligramme de radium contient deux millions de trillions d'atomes. Qu'est-ce que la grandeur d'un atome ?... Or, l'atome à son tour, se révèle comme un monde, comme un système de forces. L'âme « immatérielle » ne peut-elle être un monde atomique ? Matière et force se confondent. C'est ce que PYTHAGORE a dit plus haut (en tête de cette brochure même). L'univers visible est composé d'éléments invisibles.

Tout est à étudier. Mais combien l'humanité est loin d'être préparée à l'étude intégrale des choses ! Elle ne vit pas dans la sphère de l'esprit.

Faut-il pour cela désespérer du progrès ?

L'étude analytique sera longue, surtout dans le psychisme. Aussi devons-nous applaudir à toutes les tentatives.

Le problème spécial approfondi dans cet ouvrage a été maintes fois examiné, discuté, notamment dans le camp spirite. Un écrivain convaincu, d'une éloquence persuasive, M. Léon Denis, a publié, en 1890, un livre remarquable intitulé *Après la Mort, exposé de la philosophie des Esprits*, qui a été très lu et a eu un grand nombre d'éditions. C'est une sorte de nouvel évangile, fondé sur le spiritisme. M. Flammarion a donné le titre de *Après la Mort* à la troisième partie de sa trilogie, en faisant remarquer qu'il serait impossible de confondre son livre avec celui de M. Léon Denis, car il est la troisième partie d'un ouvrage d'ensemble représentant une discussion scientifique indépendante, à laquelle le spiritisme n'est associé que comme élément d'examen et non comme doctrine.

L'auteur de *La Mort et son Mystère* a tenu à ne pas s'écarter de la méthode expérimentale et à rester dans le cadre de la science pure.

On objecte souvent les illusions possibles, les erreurs d'impressions, les hallucinations ; il a été répondu à toutes ces objections. Nier tout serait une absurdité de premier ordre. A moins de se refuser à tout témoignage humain, il n'est pas possible de douter des récits suffisamment contrôlés. Or, il n'y a pas beaucoup de faits, historiques ou scientifiques, qui soient affirmés avec un aussi grand nombre de témoins. Supposer que toutes ces personnes aient eu « la berlue », aient été hallucinées, aient été « dupes de leur imagination », est une hypothèse absolument insoutenable.

Nous sommes ici devant un problème à résoudre, si obscur, si difficile, qu'en général, on préfère ne pas l'envisager et tout nier. Or, ne pas admettre les faits parce qu'on n'est pas capable de les expliquer suppose vraiment une naïveté qui n'est plus de mode. Qu'expliquons-nous réellement? Ne s'arrête-t-on pas toujours à un point d'interrogation ? Mais un fait est un fait. Il n'y a pas à sortir de là.

Personne n'a le droit d'affirmer que les morts ne reviennent jamais, que les revenants soient toujours des illusions et que les apparitions soient toutes des erreurs. *On ne meurt pas* (comme l'a récemment prouvé, de son côté, l'un de nos psychologues contemporains les plus laborieux, M. CHEVREUIL, dans son ouvrage spécial). Mais ce que nous pouvons constater, c'est que les manifestations de morts ne font pas partie du plan normal de l'organisation de la nature et qu'elles sont des exceptions rarissimes.

La vie d'outre-tombe doit être considérée comme séparée de la nôtre au point de vue physique. Les deux mondes sont dissemblables et nos yeux mortels ne voient pas l'autre.

L'observation des choses, telles qu'elles se passent, nous montre qu'*en général* les morts ne reviennent pas, et que les manifestations d'outre-tombe sont des exceptions. On peut le regretter pour la justice et pour les fausses leçons de l'histoire, tant particulière que générale. Mais c'est un fait d'observation.

Le système du monde moral est régi par des lois, comme le système du monde physique ; mais nous ne connaissons pas ces lois. Tout est à étudier. C'est un monde bien différent du nôtre et que, dans nos idées terrestres, nous aimerions voir marcher autrement qu'il le fait. Est-ce que, après certains crimes, des protestations, des révélations, des vengeances ne devraient pas se manifester ? (Nous avons tout lieu de nous étonner, par exemple, pour ne citer qu'un fait récent, que les onze femmes et l'adolescent assassinés par Landru soient restés irrévocablement muets pendant ce long procès d'un monstre vaniteux et infâme.) Ces silences des victimes sont, ne le dissimulons pas, une des grandes objections que notre loyale recherche voit dresser devant elle. Malheureusement, les phénomènes psychiques se présentent toujours spontanément, c'est en vain qu'on les désire; il s'agit là d'*observation* et non d'*expérience*, différence presque toujours oubliée.

Ces phénomènes sont spontanés : on les constate, on ne les fabrique pas. Plusieurs professeurs de la Sorbonne et du Collège de France déclarent qu'un fait n'est admissible que s'il peut être reproduit dans un laboratoire. C'est là un jugement absolument faux. Une étoile filante, un bolide, un uranolithe, un orage, une perturbation magnétique, une tache solaire, ne se reproduisent pas à volonté. Et même l'impossibilité de mener à bonne fin une observation métapsychique n'autorise pas à nier son authenticité. Un médecin célèbre a rapporté qu'une de ses clientes a fait une grave maladie et a failli mourir à la suite d'une manifestation posthume au récit de laquelle elle refusa obstinément d'associer son nom et qui resta forcément anonyme. Il faut prendre les choses telles qu'elles sont.

Si donc, d'une part, la survivance de l'âme peut être considérée comme établie par des constatations positives, nous constatons aussi que ces faits sont rares, exceptionnels, souvent incompréhensibles. Mais, répétons-le, comprendre une chose ou ne pas la comprendre, l'expliquer ou ne pas l'expliquer, n'a aucune importance au point de vue de la réalité. Oui ou non, a-t-on des manifestations certaines de morts ? Voilà la question qui était posée. *La réponse affirmative est donnée.*

D'après l'ensemble des observations, nous avons l'impression que les manifestations ostensibles des décédés ne sont pas fréquentes; mais, qui nous prouve qu'ils n'agissent pas du tout sur nos esprits, et que des pensées qui nous paraissent personnelles ne les aient pas, en certains cas, pour causes déterminantes? Des êtres qui nous aiment peuvent être auprès de nous sans que nous nous en doutions, et agir, à notre insu, sur les âmes en vibration harmonique avec eux.

Le monde invisible nous enveloppe, les forces inconnues sont plus nombreuses que les forces connues, les sciences ne sont qu'à leur aurore, et répétons-le, ce que l'on sait ne représente qu'une île minuscule au milieu de l'océan inexploré. Depuis un quart de siècle, les découvertes inattendues de la physique et de l'occultisme nous font deviner l'existence de panoramas inobservés, désormais accessibles à notre esprit mieux informé, trop endormi depuis des siècles sur l'oreiller de l'indifférence scientifique officielle.

Nous ne devons pas nous attendre à entrer en relation avec les morts dans les mêmes conditions qu'avec les vivants. Ils n'ont pas de corps matériels, doués de sens de perceptions physiques. Autres êtres, autre monde. Les communications entre les vivants et les morts présentent les caractères les plus variés et les plus énigmatiques.

*
* *

Où sont ces âmes? Restent-elles en communication avec les êtres qu'elles ont aimés. Que font-elles? S'éloignent-elles de la Terre? Occupent-elles un lieu déterminable? Se réincarnent-elles? La pluralité des existences de l'âme complète-t-elle la doctrine de la pluralité des mondes habités? C'est là un autre problème, complémentaire du premier, qui ne pouvait être envisagé qu'après celui-ci. Peut-il être résolu par la méthode scientifique qui a permis de résoudre le premier? Autant de questions qui s'ajoutent à celles qui viennent d'être étudiées.

Tout d'abord, les faits exposés dans *La Mort et son Mystère* montrent que nos chers disparus demeurent quelque temps dans notre voisinage mental, et se manifestent lorsque les circonstances les y invitent, quoique l'espace et le temps ne soient pas pour eux ce qu'ils sont pour nous et qu'ils vivent dans la quatrième dimension, dans l'hyperespace. Les manifestations matérielles ne sont pas faciles et restent rares; mais les associations psychiques peuvent être fréquentes. La réincarnation, qui paraît être la loi générale, ne s'impose pas immédiatement. Peut-être les esprits supérieurs sont-ils emportés sans retard par leur propre essor vers d'autres mondes auxquels leur évolution les a préparés. Le système du monde moral, avons-nous dit, est régi par des lois, comme le système du monde physique.

Comment pouvons-nous nous représenter le mode d'action d'un trépassé? C'est là une étude longue et complexe qui était déjà l'objet des recherches de M. FLAMMARION à l'époque où il écrivait *Uranie* (1899) [1].

Ce qu'il écrivait à cette époque, il continue de le penser, après plus de trente années d'expérience consécutive, et cette interprétation a été confirmée et développée par le progrès des sciences psychiques, par les découvertes prodigieuses des ondes hertziennes, de la téléphonie sans fil, comme par les nouvelles observations de télépathie et de transmission de la pensée.

Un esprit peut agir sur un autre, à distance. Cette action mentale se traduit dans le cerveau récepteur par une image qui lui paraît extérieure.

Il n'y a pas de vêtements, en réalité, il n'y a pas de corps non plus, même de corps éthéré ou astral; il n'y a qu'une impression cérébrale qui se transforme en image. L'image que nous voyons dans un miroir n'est pas réelle, quoiqu'elle le paraisse à la première observation faite par un enfant ou par un chien.

La suggestion d'un esprit incarné sur un autre

1. Nous prions les lecteurs de se reporter à cet ouvrage.

esprit également incarné étant aujourd'hui admise dans les théories scientifiques, est-il rationnel de refuser la même faculté à l'âme allégée des liens matériels de l'organisme, dès lors que sa survivance est démontrée?

Est-il téméraire de supposer qu'une âme désincarnée puisse se manifester à une âme incarnée, et se montrer à elle en lui suggérant une forme, un aspect connu ou inconnu du percipient?

On a déjà pu lire (en 1900) dans *L'Inconnu*, à propos des apparitions :

> Il n'est pas nécessaire de supposer que l'âme du mourant se déplace et se transporte vers le sujet impressionné. Il peut n'y avoir là qu'une radiation, un mode d'énergie encore inconnu, une vibration de l'éther, une onde allant frapper un cerveau et lui donnant l'illusion d'une réalité externe. Tous les objets que nous voyons, d'ailleurs, ne nous sont sensibles, n'arrivent à notre esprit que par des images.

Ce que M. Flammarion concevait alors par intuition est matériellement réalisé aujourd'hui.

Par une circonstance historique digne d'attention, nos constatations métapsychiques actuelles coïncident avec l'une des plus merveilleuses découvertes de la science physique, la radiotélégraphie et téléphonie. Un spectacle, un concert, un discours sont vus et entendus, à des centaines de kilomètres de distance, captés par un appareil récepteur, sans être transmis par un fil quelconque. En plein océan, les passagers et l'équipage d'un navire peuvent voir et entendre une scène jouée et chantée à Paris. L'auteur avait annoncé ce progrès dans *Lumen* (en 1866) et l'a même représenté en une figure fort expressive dans *La Fin du Monde* (1893), p. 273, où l'on peut lire cette prophétie :

> La téléphonoscopie fait connaître partout les événements les plus importants ou les plus intéressants. Une pièce de théâtre, jouée à Chicago ou à Paris, s'entend et se voit de toutes les villes du monde.

Le génie des inventeurs a réalisé de nos jours ce progrès et nous met dès aujourd'hui sur la voie de comprendre les transmissions télépathiques, niées encore il y a quelques années.

Nous pouvons essayer de découvrir maintenant en quoi consistent les apparitions, dont l'authenticité est désormais démontrée. Quelle est leur nature ? Les fantômes sont-ils *réels* ?

D'abord, qu'est-ce que la réalité? Où est le criterium de notre certitude?

On répond : ce qui est *objectif*, hors de nous, est réel ; ce qui est *subjectif*, en notre sensation, n'est pas réel.

Cette appréciation est fort discutable. Une sensation intérieure peut correspondre à une réalité, surtout en ce qui concerne les faits psychiques. Un ami meurt au loin, *se montre à vous*, en rêve ou autrement, vous annonce sa mort, vous apprend qu'il vient d'être noyé. écrasé sous un train, assassiné. Il est ruisselant d'eau, ou ses blessures sont flagrantes, en un mot, son image répond à une réalité. C'est là une sensation subjective, mais apportant la certitude avec elle.

L'autre partie du dilemme est également discutable. Ce qui est objectif, extérieur à nous, est réel. déclare-t-on. Eh bien ! où est la réalité de l'arc-en-ciel, que vous voyez, que vous mesurez, que vous analysez, que vous photographiez? Ce n'est qu'un phénomène d'optique. Votre voisin voit un autre arc-en-ciel que vous; votre œil gauche ne voit pas le même que votre œil droit... Où est donc la réalité de l'arc-en-ciel? Où est celle d'un paysage créé par l'atmosphère dans le mirage? Ce bâton que vous voyez cassé dans l'eau par la réfraction ne vous montre qu'une apparence, etc.

Ces considérations doivent guider notre raisonnement.

Oui, les fantômes sont réels. Mais en quoi consiste leur réalité?

Le père de Mme Ballet-Gallifet, mort depuis deux ans, est bien apparu à sa fille, à son gendre, et à leur chien, dans leur maison de Lyon; Robert Mackenzie est bien venu dire à son patron qu'il ne s'était pas suicidé; la jeune femme morte de choléra à Saint-Louis dont le visage avait été égratigné par sa mère pendant sa toilette funèbre, est bien apparue à son frère, en plein jour; le chantre d'église Russell est bien apparu, avec un cahier de musique à la main, à son collègue qui ignorait sa mort; Mme Bellamy est bien apparue à son mari, à sa fille et à leur gouvernante; un père est bien apparu à sa fille pour lui faire payer une dette inconnue d'elle; la voix d'un père a bien été entendue par sa fille pour révéler l'emplacement d'une réserve d'argent; le capitaine de vaisseau Drisko a bien été sauvé par son ami Burton au moment où il allait faire naufrage, etc... Nous nous bornons à ces quelques citations, parmi les cas très nombreux publiés dans le tome III de *La Mort et son Mystère, Après la Mort*.

Que ce ne soient pas là des illusions ou des produits du cerveau des narrateurs, c'est de toute évidence. Les fantômes de morts existent, se montrent, se manifestent. On les voit de face, de profil, obliquement, réfléchis dans des glaces, en pleine correspondance avec les lois de la perspective. On peut même penser que quelques-uns ont une certaine matérialité, comme les doubles de vivants qui ont été étudiés car on les photographie. Il y a donc là quelque chose d'analogue à une présence réelle.

La transition entre le monde visible et le monde invisible est difficile à saisir, même au point de vue essentiellement matériel de l'état atomique. Ce que l'on appelle la matière est un assemblage visible et pondérable d'atomes invisibles et impondérables. Une même substance peut être, à quelques minutes d'intervalle, visible et invisible. Observez la formation d'un nuage d'été et sa disparition dans l'azur, et vous serez convaincu de cette métamorphose. Le feu consume un bloc de matière et le réduit en vapeurs, en molécules invisibles et impondérables. L'air, l'eau, le carbone, l'azote et les autres éléments deviennent palpables dans le corps vivant qu'ils ont formé ainsi que dans les corps inorganiques. Pour nos yeux, pour nos sens, un morceau de marbre, un morceau de fer, un être humain, un animal, un arbre, est solide, dense, résistant. Pour l'électricité, l'atmosphère offre une résistance, tandis qu'un métal est un conducteur. Pour des esprits supérieurs à nous, doués d'autres modes de perception, cette matière solide peut paraître irréelle, tandis que les pensées peuvent présenter la seule réalité analysable à leurs perceptions habituelles. Et ce n'est pas là une hypothèse purement gratuite : dans la nature terrestre qui tombe directement sous nos sens, dans le monde animal, parmi les insectes notamment, classés cependant par nous comme des êtres inférieurs, nous enregistrons des facultés de pénétration très supérieures aux nôtres, très différentes, déconcertantes et incompréhensibles pour nous, et que les entomologistes les moins romanesques peuvent attester comme faits d'observation scientifiques, merveilleux et inexplicables.

Le monde psychique, invisible et réel, nous paraît désormais incontestablement constaté. Sans doute avons-nous, en ce moment,

« L'impardonnable tort d'avoir trop tôt raison »

mais un avenir prochain achèvera la solution du problème.

D'autre part encore, les observations spéciales étudiées dans *La Mort et son Mystère*, tome III, ont montré des phénomènes physiques irrécusables, des mouvements de meubles, des coups frappés, des sonnettes agitées, des objets cassés, etc. Souvent ces bruits vulgaires, ces coups dans les meubles, ces agitations de sonnettes, ces chaises, ces vaisselles, ces pas entendus nous étonnent par leur banalité. Mais devons-nous juger de la vie future sur les descriptions de Platon, de Confucius, de Çakya-Mouni, de Jésus? La vie normale au delà de la tombe doit-elle représenter à nos yeux uniquement un monde d'esprits nobles, de penseurs? Les hommes diffèrent-ils beaucoup le lendemain de ce qu'ils étaient la veille? Or, nous savons ce que vaut l'immense majorité, depuis l'Afrique équatoriale jusqu'aux pôles.

Nous avons une tendance à penser que les morts sont supérieurs aux vivants et à voir en eux des théosophes instruits par Zoroastre, Manou et Krichna, en marche consciente vers le nirvana, instruits du Karma. C'est une idée fausse. Aucun témoignage ne prouve cette supériorité. Que peuvent être après la mort la plupart des indigènes de notre planète?... Combien y a-t-il d'êtres qui nourrissent copieusement leur corps, mais qui ne nourrissent jamais leur esprit? C'est la machine humaine régie par une âme noyée dans la matière.

Une erreur dont l'hérédité se perd dans la nuit des temps, et que les religions successives se sont transmises à travers des milliers d'années, perpétue l'idée que les âmes dégagées du corps deviennent, du seul fait de la désincarnation, absolument idéales et de purs esprits. C'est une erreur analogue à celle qui présente le Ciel comme une résidence paradisiaque que nulle ombre, nul trouble n'altèrent, tandis que l'astronomie moderne nous enseigne que l'immensité des cieux est le théâtre de cataclysmes formidables. Nous en avons constamment le spectacle dans le champ de nos télescopes.

En quittant la vie terrestre, l'âme humaine ne devient pas angélique. La mort ne peut pas rendre un homme quelconque omniscient; l'âme ne doit pas sensiblement différer le lendemain du trépas de ce qu'elle était la veille — comme nous l'avons déjà remarqué —; l'ignorant ne peut pas acquérir une science non apprise, ni le sot devenir intelligent; la guillotine ne fait pas un saint d'un bandit. Nous pouvons en augurer que la plupart des morts ne sont pas intellectuellement supérieurs à la plupart des vivants.

Sur l'ensemble du globe, il meurt près de cent mille êtres humains par jour. L'immense majorité de ces êtres posthumes représentent des monades inconscientes. L'atmosphère en est pleine.

Il semble que les âmes encore peu évoluées, pour ainsi dire à l'état embryonnaire, demeurent quelque temps dans l'atmosphère et que la plus grande majorité sont inconscientes. Elles constituent un milieu cosmique de conscience diffuse, qui s'amalgame, parfois, en certaines conditions, avec la subconscience individuelle des vivants et qui, chez les médiums, se manifeste en divers phénomènes spirites observés. S'il en est ainsi — ce qui paraît très probable — la composition de l'atmosphère prendrait pour nous un caractère sensiblement différent de celui de la simple analyse chimique, et pourrait être définie comme suit :

Azote.	78,1
Oxygène.	20,9
Vapeur d'eau (variable selon les lieux et la température).	
Hydrogène (augmente avec l'altitude) considérable à 300 km.	
Acide carbonique.	0,03
Argon	0,00937
Néon.	0,0015
Hélium	0,0005
Krypton.	0,0001
Xénon	0,000005
Microbes innombrables, par milliards, invisibles.	
Ions, électrons, atomes dynamiques.	
Eléments psychiques, non mesurables.	

Ce n'est pas encore demain que la dernière de

ces notations pourra être inscrite dans les traités scientifiques.

Nous ne respirons pas seulement matériellement, mais au sein d'une ambiance mentale qui exerce une influence sur notre santé physique et morale. Bien des incidents de la vie, que nous attribuons au hasard, ne sont pas fortuits.

Il y a des courants psychiques, que l'on peut comparer aux courants magnétiques, dont l'existence est indiquée par de très nombreuses observations de coïncidences précises. L'ancien adage que « les idées sont dans l'air » n'est pas très éloigné de la vérité.

Le monde psychique que nous avons à découvrir est immense et illimité.

Sur l'état de l'âme après la mort, sur la vie future, on a fait bien des hypothèses, depuis les Aryens du temps de Rama ; depuis les Asiatiques du temps de Zoroastre ; depuis les Grecs du temps d'Homère, d'Hésiode, de Pythagore, de Platon ; depuis les Egyptiens des hypogées pharaoniques ; depuis les Hébreux du temps de Moïse ; depuis les Hindous du temps de Bouddha ; depuis les Druides des dolmens de la Gaule ; depuis Jésus-Christ et les Evangiles ; depuis Mahomet et le Coran, jusqu'aux Swédenborgiens, aux spirites, aux théosophes, aux scientistes du XIXe siècle et du XXe. On a décrit les champs-élysées, le paradis, l'enfer, le purgatoire, les limbes, le séjour des morts, les plans célestes, les arcanes de l'espace, les mondes ultraterrestres, les voyages éthérés, la palingénésie, les réincarnations, la pluralité des existences de l'âme ;

on a imaginé tout un univers inexploré en comparaison duquel les suggestives représentations sculpturales de nos cathédrales ne sont qu'une frêle image anthropomorphique. Est-il possible d'apporter quelque lumière dans ces vues plus ou moins brumeuses?

Les analystes énumèrent uue cinquantaine de religions, ou, pour mieux dire, de croyances religieuses distinctes, ayant leurs dogmes particuliers sur la vie future. Elles ne s'accordent ni entre elles, ni avec le peu que nous pouvons posséder de science positive. Mais n'oublions pas cette opinion notable d'un profond penseur, Claude Bernard : « Je suis persuadé, écrivait-il, qu'un jour viendra où le physiologiste, le poète, et le philosophe parleront la même langue et s'entendront tous. » Et regrettons avec Edouard Schuré, que la science et la religion se soient posées comme deux forces ennemies et irréductibles, ce qui est une erreur. Deux vérités ne peuvent pas être opposées l'une à l'autre. On ne sait que ce que l'on a appris. On sait, par exemple, que la terre tourne sur elle-même en vingt-quatre heures et autour du soleil en un an. C'est là un fait acquis, incontestable, archi-prouvé. Ce que la science positive a définitivement établi est inébranlable. Nous devons penser que les idées religieuses évolueront progressivement et que les conflits entre la science et la religion célébrés par Spencer et les autres rationalistes se dissiperont. comme les brumes du matin au lever du soleil d'été.

***

Où sont les âmes des morts? demande-t-on.

Les diverses religions ont des opinions diverses

sur la vie future. Les chrétiens protestants adoptent le ciel et l'enfer; les catholiques placent entre les deux le purgatoire, les Juifs s'abstiennent de définir, tout en conservant les anges; les musulmans espèrent un paradis plutôt sensuel; les bouddhistes voient le nirvana à l'horizon céleste des destinées; les Grecs avaient les champs-élysées et le tartare; les Egyptiens avaient l'amenti et le double. Au fond toutes ces idées sont de l'anthropomorphisme.

Dans les représentations sculptées sur les tombeaux gallo-romains, nous voyons souvent la lune représentée par son croissant (visiter notamment le musée de Langres), et l'idée que les âmes des trépassés pouvaient être transportées dans la lune a longtemps régné. Les chrétiens s'y sont rapidement opposés, et nous lisons fréquemment cette défense dans les homélies des premiers siècles de notre ère : *nec in lunam incolant*: ils n'habitent pas la lune.

La question du lieu ne se pose pas pour les âmes comme pour les corps. L'esprit n'occupe aucun lieu. Mais avouons qu'il nous est impossible de concevoir aucune forme, aucun aspect en dehors de nos sens.

Elevés dans les idées et les images de l'ancienne théologie astronomique du temps des apôtres, des évangélistes, de l'*Apocalypse*, des pères de l'Eglise, enseignant le paradis des justes, des saints et des anges, la descente de Jésus aux enfers, l'Ascension, l'Assomption, la Trinité, les chœurs des élus, les chrétiens se demandent tout naturellement où sont leurs morts chéris et cherchent à se représenter le lieu où ils peuvent résider. Il est difficile pour ne pas dire impossible de nous dégager des idées terrestres sur l'espace et le temps.

Cependant l'âme, en dehors de la vie, est affranchie de ces contingences relatives au monde matériel.

L'Astronomie a toujours été associée aux spéculations philosophiques et religieuses sur la vie future. Et il n'en peut être autrement. Le système du monde physique est le cadre du système du monde spirituel. L'association des deux ordres d'idées est inévitable. Que signifie l'expression « être dans le ciel » ? Tout est dans le ciel. La Terre que nous habitons est un astre du ciel, aussi bien que Mars, Jupiter, Saturne, Sirius ou Véga. Les sphères du Dante, les chœurs de chérubins, les trônes et les puissances, l'assemblée des élus, la domination suprême de la Trinité ne peuvent plus être admis que sous une forme symbolique. Ce n'est pas là la vie éternelle. Nous savons aujourd'hui qu'il n'y a ni haut ni bas dans l'univers. Si vous représentez sur une image l'Ascension de Jésus-Christ, cette image avait un sens à l'époque où l'on croyait la terre plate à la base du monde, l'enfer aux régions inférieures (*ad inferos*), le ciel au-dessus. Cette image n'a plus aucun sens, puisque douze heures après, elle représenterait une chute verticale de Jésus-Christ la tête en bas.

Qu'est-ce donc que le Ciel? C'est l'espace universel, c'est naturellement pour nous la Voie Lactée, dont notre planète est un infime village, dont notre soleil est une étoile, qui se compose d'un milliard de soleils, et dont l'étendue présente aux calculs modernes un diamètre qui peut atteindre trois cent mille années de lumière, chacune de ces années correspondant à 9.467 milliards de kilomètres.

Les sculptures de nos belles églises gothiques nous montrent partout des images de l'univers chrétien, du jugement dernier, du ciel et de l'enfer. ne pouvant correspondre en rien à la réalité.

Pendant des siècles et des siècles, la doctrine chrétienne a enseigné la résurrection des corps. *Credo resurrectionem carnis*. C'est un article de foi. Dans son épître aux Romains, saint Paul dit (VIII, II) : « L'Esprit de celui qui a ressuscité Jésus-Christ d'entre les morts donnera aussi la vie à vos corps mortels. » La croyance est imposée, précise, indiscutable. C'est bien le corps qui a vécu, qui a souffert et qui a joui pendant la vie, qui se réveillera au jugement dernier et ressuscitera. Jésus doit apparaître à l'Orient, annoncé par les trompettes angéliques, les morts se relèveront de leurs tombeaux, et les fosses sont orientées dans ce sens afin qu'en se relevant les ressuscités soient face à l'est. Telle est l'ordonnance admise des cimetières chrétiens. Elle est tombée en désuétude depuis l'extinction de la foi, et aujourd'hui on enterre les cadavres n'importe comment, au hasard de la voirie, de même qu'on a cessé d'orienter les églises. Mais le principe du *Credo* est absolu. Il est aussi indiscutable qu'il est inacceptable. Or, à moins d'humilier entièrement sa raison devant un dogme contradictoire, aucun homme instruit, intelligent et loyal n'admet plus la résurrection des corps — avec quelque interprétation pseudo-scientifique que ce soit ; ce sont là des idées d'un autre âge.

Quant à la légende des peines éternelles de l'enfer où les corps des damnés devraient souffrir sans fin, nous pouvons difficilement concevoir la possibilité d'un raisonnement humain dans les enseignements de l'Eglise, lorsque nous lisons dans Bossuet des phrases comme celle-ci : « Ainsi toujours vivants et toujours mourants, immortels pour leurs peines, trop forts pour mourir, trop faibles pour supporter, ils gémiront éternellement sur des lits de flammes, outrés de furieuses et irrémédiables douleurs. »

Voilà pourtant ce que des croyants au « Bon Dieu » l'ont jugé capable de faire en créant des âmes humaines ! Quelle aberration et quel blasphème !

Corps humains ressuscités ! L'idée elle-même est insoutenable. La vie extra-terrestre se déroule en des conditions toutes différentes de la vie terrestre. Aucune assimilation possible. A quoi serviraient des organismes construits comme les nôtres ? C'est un état sans aucun rapport avec les exigences vitales de notre planète. Assurément, ils ne sont plus tributaires du tube digestif comme les grossiers terriens. Autres corps ? Etres fluides ? Dans cet autre monde, on ne voit pas Adam et Eve, ni Mars et Vénus. *Neque nubent, neque nubentur*, dit l'Evangile. Mais il nous est de toute impossibilité de nous représenter des formes inconnues, et, je le répète, la question ne se pose même pas. Pouvons-nous même imaginer simplement la mentalité d'une âme affranchie des impressions terrestres ? La chenille, si elle était capable de raisonner, ne pourrait deviner la vie du papillon, quoiqu'il s'agisse de son être personnel. Et quant à la mémoire, le papillon pourrait-il, en l'en supposant doué, se souvenir de son état antérieur ?

Malgré les difficultés, les contradictions et les

antithèses, remarquons que la religion chrétienne s'accorde avec le bouddhisme et ses quatre cent millions de sectateurs en demandant, dans la prière des morts, le repos éternel. *Requiem æternam dona eis Domine !* Ce repos ressemble beaucoup au nirvana, à l'anéantissement.

Mais cette immobilité n'existe nulle part. L'univers est un dynamisme régi par l'esprit, et la matière n'est qu'une apparence, les atomes obéissant à l'énergie; tout marche, tout est en mouvement dans l'infini ; Dieu — l'INCONNAISSABLE — régit tout, depuis l'infiniment grand jusqu'à l'infiniment petit. La vie future fait partie de cet ensemble. La qualification de « vie future » est d'ailleurs relative et anthropomorphique, attendu que ce qui est futur pour nous, est actuellement présent pour nos antérieurs, et que l'époque où nous vivons en ce moment sera passée dans un avenir prochain. Absolument parlant, il n'y a qu'un présent éternel. Ceux qui étaient vivants il y a cent ans sont actuellement dans « la vie future » devenue présente pour eux, et dans cent ans cette vie actuellement future pour nous sera présente.

Un nombre respectable d'observations conduirait à admettre la permanence ou la simultanéité de tous les phénomènes se produisant au sein d'une âme universelle à laquelle nos idées sur le temps sont étrangères. L'avenir est vu. Le passé est vu également. Comme s'il y avait un présent perpétuel.

Dans l'immobile éternité, le temps n'existe pas. Il est créé, pour nous, en rapport avec les mouvements de la Terre.

Si nous n'avions pas la succession des années, des saisons, des jours et des nuits, au lieu de notre calendrier, au lieu des jours, des heures, des minutes, des secondes, l'immobile éternité régnerait.

Dans l'espace absolu, il n'y a pas de temps.

Chaque planète crée et mesure son temps à elle-même. Sur Neptune, l'année égale 165 des nôtres, sur Uranus 84, sur Saturne 30, sur Jupiter 12. La journée de Mars dure vingt-quatre heures trente-neuf minutes ; la nôtre pourrait durer autant ou davantage, et ce seraient toujours des journées pour nous.

Considéré en lui-même, le temps n'existe pas.

Le temps n'ayant pas d'existence réelle, l'avenir comme le passé sont présents. Tous les événements sont déterminés par les causes qui les produisent. La volonté humaine fait partie des forces en œuvre dans la nature.

Ce n'est pas là une théorie : c'est un fait d'observation établi par un grand nombre d'exemples d'événements futurs vus d'avance.

L'analyse métapsychique comme l'observation établissent donc que le temps n'existe pas en lui-même, que l'on peut voir d'avance les événements qui arriveront, et que tout est présent.

Le temps n'existant pas, ce qui reste de nous après la mort, l'âme, l'esprit, l'entité psychique, quelle que soit la dénomination qu'on lui donne, et quelle que soit sa nature, cesse d'appartenir à ce que nous appelons le temps pendant la vie. Il n'y a plus, pour l'être pensant qui peut subsister, ni années, ni jours, ni heures. Le relatif fait place à l'absolu.

Ce qui est au fond des apparences, « la chose en soi » dont parle Kant, l'essence propre n'a rien de commun avec nos idées de passé ou d'avenir, et un fait quelconque peut être perçu aussi bien avant qu'il arrive que lorsqu'il est arrivé. Pour l'être situé en dehors du temps, nos idées terrestres de passé et d'avenir n'ont plus les mêmes aspects. Hier et demain sont aujourd'hui.

Cependant il y a continuité. Ce que nous appelons survivance de l'âme ne doit pas s'entendre seulement comme la conservation d'un atome psychique indestructible qui n'aurait pas conscience de lui-même, mais avec la persistance de l'identité pensante, douée de mémoire.

L'âme est une substance invisible, impalpable, impondérable, en dehors de nos conditions d'observation physique. Nos mesures d'espace ne peuvent pas plus lui être appliquées que celles de temps. Elle peut se manifester à des centaines et des milliers de kilomètres de distance. Les observations publiées dans les trois volumes de *La Mort et son Mystère* le prouvent.

Ainsi donc, en résumé, l'espace et le temps n'existent pas tels que nos conceptions de mesures nous les présentent. C'est l'infini; c'est l'éternité. La distance d'ici à Sirius n'est pas une plus grande partie de l'infini que celle qui sépare votre main gauche de votre main droite. L'électricité nous a déjà accoutumés aux transmissions rapides entre les distances. Les radiations lumineuses n'emploient pas deux secondes pour franchir l'intervalle qui s'étend de la Terre à la Lune. Il y a des transmissions qui peuvent être qualifiées d'instantanées.

D'autre part, l'espace n'est pas non plus ce qu'il nous paraît. Nos mesures pratiques se font sur trois dimensions, sur le cube formé par la longueur, la largeur et la hauteur. Or, il y a une quatrième dimension, il y a l'hyperespace. La force de la gravitation, qui ne s'exerce pas selon les surfaces, mais pénètre les corps, les actions électro-magnétiques de l'éther et la chimie moléculaire, révèlent la quatrième dimension. Les apparitions que nous avons signalées se produisent par cette quatrième dimension. On a vu, entre autres, celle d'Alphonse de Liguori transporté de son couvent du royaume de Naples au lit du pape Clément XIV à Rome; saint Antoine de Padoue prêchant à Montpellier et se montrant dans son couvent; sainte Catherine de Ricci, étant à Prato, s'entretenant avec saint Philippe de Néri à Rome ; le double de Mlle Sagée; Sir Carne Raschse à la Chambre des députés; Mme Milman; Miss Rhoda Clary, etc. [1] Un homme et une femme bien portants peuvent se trouver en un autre lieu que celui où ils sont avec leur corps normal. Nous pourrions ajouter à ces observations celles d'apports constatés : ce n'est pas ici le lieu de les discuter; mais tout s'accorde pour affirmer l'existence de la quatrième dimension. Un homme, un objet enfermé dans une chambre par les quatre murs, le plafond et le plancher peut en sortir. Il semble que la vie ultra-terrestre de l'âme s'exerce dans cette dimension, déjà accessible au calcul algébrique.

Les âmes revêtent-elles une forme? Qu'est-ce que le corps de saint Paul, le corps astral des théosophes, le corps éthéré des occultistes ?

Les observations de *doubles* peuvent nous instruire. Il y a sûrement trois éléments dans l'être

1. Citations tirées de *Autour de la Mort*.

humain : l'âme pensante, le double fluidique et le corps physique. Ce double est au service de l'âme et a été analysé sous plus d'un aspect. C'est lui que, dès le milieu du siècle dernier, REICHENBACH a étudié sous le nom d'*Od*. Ce n'est pourtant pas l'éther. Tous les psychistes ont dans leur bibliothèque les ouvrages de cet auteur, ainsi que ceux de son continuateur Charles DU PREL et du colonel A. DE ROCHAS. Le corps odique est l'*aura* des occultistes, atmosphère humaine visible pour les sensitifs et même pour certains yeux normaux avec des préparations appropriées. C'est ce fluide qui paraît en jeu dans les expériences de lévitation, dans les apparitions et dans plus d'une manifestation posthume. Il survit à la désagrégation moléculaire.

Charles DU PREL, savant bavarois (1839-1899) d'origine française, auquel les sciences psychiques doivent d'importantes recherches, a conclu de trente années d'études que l'âme n'est pas un pur esprit, mais un esprit associé à un corps transcendantal, qu'il assimile à l'Od de Reichenbach. Ce corps éthéré, odique, serait en acte dans les manifestations du magnétisme et du spiritisme. C'est le corps « astral » des occultistes, des théosophes, doué de forces qui lui sont propres, survivant à l'organisme physique, en rapport direct avec l'éther universel, pouvant traverser la matière, constituant parfois les fantômes substantiels signalés par Crookes et autres observateurs. Ce corps astral existerait pendant la vie aussi bien qu'après la mort. Il rappelle à ce propos l'idée de Kant que « l'âme humaine se trouve, dès cette vie, liée à deux mondes à la fois » et que, quand enfin l'union de l'âme avec le corps physique cesse par la mort, sa vie dans l'au-delà est la continuation naturelle de la liaison qu'elle a déjà eue avec cet au-delà (*Rêves d'un voyant*, 20-25).

Si l'âme humaine survit à l'organisme physique, elle préexiste ; il y a la même éternité derrière nous que devant nous. L'objection radicale faite à ce principe est que nous ne nous souvenons de rien. Elle n'est pas absolue, car chacun de nous naît avec des facultés personnelles qui ne viennent pas de l'hérédité et, d'autre part, quelques hommes ont des réminiscences plus ou moins marquées d'un passé inconnu. La vie éternelle ne peut se comprendre que sur le principe de la réincarnation proclamé par Pythagore, Origène, Jean Reynaud et tant d'autres philosophes. L'espace nous manque pour discuter cette immense question ; mais nous devons en admettre le principe.

Dans notre ignorance scientifique totale des conditions de la vie ultra-terrestre, nous ne pouvons former que des conjectures sur cette vie. Nous savons désormais que l'âme subsiste. Admettre cette survivance conduit à admettre la préexistence. La vie terrestre n'est qu'une phase dans la vie de l'esprit. C'est d'ailleurs la seule doctrine admissible d'après l'ensemble de toutes les considérations métaphysiques, et c'est la plus ancienne des croyances religieuses définies. Préexistence et survivance.

Les arguments de la préexistence ont une valeur incontestable [1]. Le principal est l'inégalité des êtres humains dès leur naissance, inégalité mentale qui

1. Voir notamment André Pezzani, lauréat de l'Institut, *La pluralité des existences de l'âme, conforme à la doctrine de la*

ne peut être attribuée à l'hérédité, les aptitudes spéciales pour les sciences comme pour les arts, les prédispositions innées, les convictions dès l'enfance. qui ne peuvent qu'avoir été acquises antérieurement. Un autre argument est le fait des réminiscences, plus ou moins vagues, plus ou moins précises, du « déjà vu », du « déjà entendu », sensations inexplicables autrement et qui, chez certains êtres, sont flagrantes.

Chacun de nous arrive en ce monde avec des aptitudes spéciales, dont l'origine ne peut être trouvée dans l'hérédité.

Toutes les mémoires passées, accumulées, constituent au fond de nous un domaine latent, dans un subconscient indépendant de notre cerveau. La mémoire des faits antérieurs n'a pas été enregistrée dans le cerveau.

Dans nos goûts, dans nos préférences, dans nos impressions, dans nos intuitions, dans nos rêves, dans les réminiscences, dans les sympathies, c'est notre être antérieur à la naissance terrestre qui, plus ou moins vaguement, se manifeste.

Il y a deux êtres en nous au point de vue de la mémoire, deux mémoires généralement amalgamées, mais parfois nettement distinctes.

On objecte surtout à la préexistence l'absence de souvenirs précis de nos existences antérieures. A quoi nous sert-il d'avoir vécu si nous ne nous souvenons pas ? La personnalité ne consiste-t-elle pas essentiellement dans la mémoire ? On peut répondre à cette objection que, pendant la vie terrestre,

pluralité des mondes (1865), au chapitre Jean Reynaud, Henri Martin, Flammarion.

l'organisme matériel apporte des conditions nouvelles et un cerveau doué de nouveaux enregistrements pour une mémoire transitoire ; que, d'ailleurs, nous ne nous souvenons pas de la millième partie de ce qui nous est arrivé depuis notre naissance, et que la mémoire intégrale de l'âme peut ne s'exprimer entièrement que pendant sa liberté dans les intervalles entre les incarnations. Nous avons des connaissances mentales dans le subconscient subliminal, remontant à nos existences antérieures, et des pensées cérébrales provenant de notre existence actuelle. Les premières sont plus vraies, plus profondes, plus sûres que les secondes.

Chez certains êtres, les observations de souvenirs périmés se sont montrées avec une grande netteté. Nos existences antérieures ont préparé notre vie actuelle. Notre vie actuelle prépare nos existences à venir.

L'âme apporte, en s'incarnant, les aptitudes résultant des connaissances acquises antérieurement. Entre autres exemples, comme enfants prodiges, citons Pic de la Mirandole, Pascal, Mozart, Saint-Saëns. Les parents donnent à leurs enfants à leur naissance, la vie physique, non la valeur intellectuelle et morale.

On m'a souvent objecté que, si la réincarnation est une loi de la nature, les communications avec les morts sont impossibles. Nous pouvons répondre qu'en effet ces communications sont rares ; mais que, toutefois, rien ne prouve que les réincarnations soient forcément immédiates. Puisque nous ne savons encore à peu près rien sur cet autre monde, tout est à apprendre. Nos recherches actuelles auront pour conséquence la transformation des divers enseignements religieux sur la vie future. Les défunts qui se communiquent ne parlent ni du paradis, ni de l'enfer, ni des jardins islamiques, ni des champs-élysées grecs, ni du nirvana hindou. Nous assistons, sans nous en douter, pouvons-nous dire avec M. Alfred Bénezech, à un mouvement intellectuel qui révolutionnera la mentalité humaine, mouvement le plus important depuis l'avènement du christianisme.

Au point de vue philosophique et religieux, soyons des pythagoriciens revenus au xxe siècle avec la connaissance astronomique actuelle.

Définie ou non, la croyance en une vie future domine toutes les nations, malgré les incertitudes et les négations. Sous une forme quelconque, l'immortalité se présente aux espoirs humains, aujourd'hui comme au temps des Gaulois et des Druides. Les révolutions n'y ont rien changé ; Robespierre a présidé la fête de « l'Etre Suprême » et naguère encore on pouvait lire sur le portail de l'église voisine de l'observatoire de Juvisy cette inscription en lettres capitales : « Le peuple français reconnaît l'existence de Dieu et l'immortalité de l'âme. » Cette âme s'impose sous toutes les latitudes. Au Japon, actuellement encore, comme on l'a vu récemment aux obsèques de l'écrivain Lafcadio Hearn, à Tokio, on ouvre de petites cages qui mettent des oiseaux en liberté, touchant symbole de l'âme qui s'envole de sa terrestre prison.

D'existence en existence, la vie psychique nous élève en une évolution ascendante. Chacun de nous a été minéral, végétal, animal, avant d'être homme, et l'homme n'est pas le dernier terme. Nous sommes encore très inférieurs.

Notre vie après la mort sera celle que nous aurons préparée. Nous sommes ce que nous nous faisons. Le Karma des théosophes est une réalité. Les êtres qui ne vivent que pour la matière et par la matière ne jouiront pas des plaisirs de l'esprit ; les sybarites de la chair seront évidemment déçus ; les sensuels resteront longtemps en retard dans leur évolution. Le progrès spirituel n'est pas le même pour tous. Les réincarnations sont liées aux valeurs intellectuelles et morales.

Il n'y a aucune raison pour restreindre à notre planète les réincarnations de l'âme humaine, et il n'est pas anti-scientifique d'attribuer à la monade psychique la faculté de voyager dans l'immensité des espaces célestes, de passer d'une planète à une autre, de la Terre à Mars, à Vénus ou à quelque autre monde. La science vient de démontrer le transport presque instantané des ions et des électrons à travers les cent cinquante millions de kilomètres qui séparent le Soleil de la Terre. Pendant les orages magnétiques de la photosphère solaire, les ions du soleil nous arrivent et produisent ici les agitations de l'aiguille aimantée et les perturbations du magnétisme solaire.

Et puisque la télépathie existe entre les morts et les vivants, il n'est pas interdit aux astronomes d'espérer que le jour n'est peut-être pas éloigné où des communications psychiques pourront être établies entre une planète de notre système et la Terre. L'espace ne se mesure pas en télépathie. Toutes ces vues ne peuvent être approfondies ici. Les lecteurs en ont eu un aperçu dans *Lumen* il y a un demi-siècle.

*
* *

Quels que soient les compléments qui pourront être ajoutés aux observations précédentes, nous possédons désormais la certitude scientifique de la survivance de l'âme au delà du dernier soupir terrestre. L'AME EST INDÉPENDANTE DE L'ORGANISME MATÉRIEL ET CONTINUE DE VIVRE APRÈS LA MORT.

Certes, nous sommes loin de tout savoir. Des difficultés, des obscurités, des incompréhensibilités, restent insolubles pour nos facultés humaines. Un inconnu sans bornes nous enveloppe ; nous n'atteignons pas la réalité ; si nous en approchons quelque peu, soyons satisfaits ; au lieu du sommeil de la nuit, nous nous éveillons à l'aurore.

Comme c'est la première fois qu'un ouvrage de cet ordre est écrit, comme aucun mortel n'est parvenu jusqu'ici à soulever le voile d'Isis, l'auteur de *La Mort et son Mystère* ne s'attribue pas la prétention d'avoir résolu entièrement l'immense problème, mais son travail n'aura pas été stérile ; il a ouvert la voie de la science nouvelle. L'avenir jugera des résultats de cet effort. Il a mis en pratique l'invitation de Jésus : **Cherchez et vous trouverez**. Quels que puissent être les progrès des découvertes futures, la doctrine acquise se résume désormais en ces termes : *Le corps passe. L'âme vit dans l'infini et dans l'éternité.*

Le Spiritisme
et
l'Opinion des Savants

Le Spiritisme et l'Opinion des Savants

Après les conclusions si autorisées de Camille Flammarion, nous croyons utile de mettre sous les yeux de nos lecteurs les déclarations non moins importantes d'autres éminents savants :

Opinion du célèbre Arago, considéré comme le plus grand savant du XIXe siècle et qui, assistant aux débuts du spiritisme, s'écriait, en présence du caractère merveilleux des phénomènes :

Celui qui, en dehors des mathématiques pures, prononce le mot **impossible**, *manque de prudence.*

Opinion de Sir William Crookes, le célèbre physicien anglais qui a découvert le thallium, fait connaître l'état radiant, inventé le radiomètre, expérimenté les rayons cathodiques et facilité l'étude des rayons X (tubes de Crookes) :

M'étant assuré de la réalité des phénomènes spirites, ce serait une lâcheté morale de leur refuser mon témoignage.

Après six ans d'expériences sur le spiritisme, six années pendant lesquelles il a imaginé de nombreux appareils destinés soit à permettre un contrôle scientifique, soit à enregistrer les phénomènes, William Crookes écrivit, à propos des faits spirites :

Je ne dis pas que cela est possible : je dis que cela est.

Opinion de Sir Olivier Lodge, autre grand physicien anglais, dont les travaux, dans le domaine de l'électricité, notamment la théorie des ions, sont enseignés dans le monde entier :

Parlant pour mon compte et avec tout le sentiment de ma responsabilité, j'ai à constater que, comme résultat de mon investigation dans le psychisme, j'ai à la longue et tout à fait graduellement acquis la conviction et suis maintenant convaincu, après plus de vingt années d'études, non seulement que la persistance de l'existence personnelle est un fait, mais qu'une communication peut occasionnellement, mais avec difficulté et dans des conditions spéciales, nous parvenir à travers l'espace.

Ce sujet n'est pas de ceux qui permettent une conclusion facile ; les preuves ne peuvent être acquises que par ceux qui y consacrent du temps et une sérieuse étude.

Poursuivant ses recherches, le même savant, qui est à la fois Recteur de l'Université de Birmingham et membre de l'Académie Royale, écrivait encore :

Je m'affirme spirite parce que j'ai eu à accepter les phénomènes comme des réalités.

Dans un de ses plus beaux livres : *La Survivance humaine*, on peut lire :

Les témoignages en faveur de la survivance de l'homme, c'est-à-dire en faveur de la persistance de l'intelligence humaine et de la personnalité individuelle au delà de la mort du corps, **ont toujours été en s'accumulant** ; *ils tendent maintenant à devenir irréfutables.*

Enfin, après trente ans de recherches et d'expériences, Sir Oliver Lodge fut amené à formuler cette phrase capitale, dans un discours prononcé à Walworth, le 22 novembre **1914** :

Ma conclusion est que **la survie est scientifiquement prouvée,** *au moyen de l'investigation scientifique.*

Le livre *Raymond ou la Vie et la Mort*, dans lequel le grand savant anglais confirme toutes ses convictions spirites à propos des phénomènes qui ont suivi la mort de son fils, a eu de retentissants effets dans le monde entier. L'éminent physicien écrit dans sa préface :

La perspective de rendre service, me fait aisément négliger les railleries auxquelles je m'expose. J'ai l'espoir de consoler quelques âmes affligées en leur donnant **l'assurance qu'il est possible de communiquer** *avec ceux qui sont de l'autre côté du gouffre.*

Opinion du professeur Lombroso, de l'Université de Turin, l'illustre criminaliste italien qui combattit longtemps les théories spirites, mais qui consentit à les étudier :

Je suis forcé de formuler ma conviction que les phénomènes spirites sont d'une importance énorme et qu'il est du devoir de la science de diriger son attention, sans délai, sur ces manifestations.

Ce savant émit encore ce témoignage précis :

On traite le spiritisme de supercherie, ce qui dispense de réfléchir. Je suis confus d'avoir combattu la possibilité des phénomènes spirites.

Opinion du naturaliste Russel Wallace, émule de Darwin et président de la Société anglaise d'anthropologie :

J'étais un matérialiste si complet et si convaincu qu'il ne pouvait y avoir dans mon esprit aucune place pour une existence spirituelle. Mais les faits sont des choses opiniâtres et les faits me vainquirent. **Les phénomènes spirit. s sont aussi prouvés que les faits de toutes les autres sciences.**

Opinion du professeur Barrett, de l'Université de Dublin.

Sans doute, pour notre part, nous croyons qu'il y a quelque intelligence active à l'œuvre derrière l'automatisme (écriture mécanique, transes et incorporations) et en dehors de celui-ci, une intelligence qui est plus probablement la personne décédée qu'elle affirme être que tout autre chose que nous pouvons imaginer. Il est malaisé de trouver une autre solution au problème de ces messages et de ces « correspondances-croisées » sans imaginer une tentative de coopération intelligente entre certains esprits désincarnés et les nôtres.

Opinion de M. C. Varley, Ingénieur en chef des Compagnies de télégraphie internationale et transatlantique, inventeur du condensateur électrique qui a permis de résoudre le problème de la télégraphie sous-marine :

Le ridicule que les spirites ont subi ne part que de ceux qui n'ont eu ni le courage ni la convenance de faire quelques recherches avant d'attaquer ce qu'ils ignorent.

Et, dans une lettre à Crookes, Varley ajoute :

Je ne connais pas d'exemple d'un homme de bon sens qui, ayant étudié avec soin les phénomènes spirites, ne se soit rendu à l'évidence.

Opinion de M. Duclaux, directeur de l'Institut Pasteur, dans une conférence faite à l'Institut général psychologique :

Je ne sais si vous êtes comme moi, mais dans ce monde peuplé d'influences que nous subissons sans les connaître, pénétré de ce quid divinum *que nous devinons, sans en avoir le détail, eh bien! ce monde du psychisme est un monde plus intéressant que celui dans lequel s'est jusqu'ici confinée notre pensée. Tâchons de l'ouvrir à nos recherches : il y a là d'immenses découvertes à faire dont profitera l'humanité.*

Les hommes de science qui, **après l'avoir soigneusement étudié,** avec la même attention, la même patience et la même liberté de pensée qu'ils ont apportées à étudier les autres sciences, ont conclu en faveur du spiritisme sont de plus en plus nombreux. Nous ne pouvons les citer tous.

Beaucoup, parmi eux, ont consigné leurs travaux dans des ouvrages trop peu connus : tel l'éminent mathématicien A. de MORGAN, président de la Société mathématique de Londres, secrétaire de la Société royale astronomique, qui, après dix années d'expériences, a condensé ses recherches dans son livre *From Matter of Spirit ;* M. BARKAS, membre de la Société de géologie de Newcastle, qui a écrit *Outliness of Investigation into Modern Spiritualism* ; M. OXON, professeur à l'Université d'Oxford, qui a publié ses convictions dans *Spirit Identity* ; le Dr R. HARE, professeur de Chimie à l'Université de Pensylvanie, auteur de l'ouvrage : *Recherches Expérimentales sur les Phénomènes Spirites* ; Frédéric MYERS, auteur du magnifique ouvrage *La Person-*

nalité humaine et sa survivance ; le professeur de géologie DENTON, les Drs Georges SEXTON, CHAMBERS, James GULLY.

Les faits spirites ont aussi été étudiés en France, en Russie, en Italie et en d'autres pays, par nombre d'expérimentateurs scientifiques qui en ont constaté l'exactitude.

Camille Flammarion, le Dr Gibier, Gabriel Delanne, Léon Denis, etc., ont publié des ouvrages qui font autorité et la littérature spirite s'augmente tous les jours de travaux remarquables.

Sous le rapport de la réalité matérielle du phénomène spirite, on doit signaler la création à Paris de l'**Institut Métapsychique International**, reconnu d'utilité publique et qui, sous la direction éclairée du savant Dr Geley, étudie méthodiquement les manifestations de la médiumnité sous toutes ses formes.

On ne peut parler des relations entre le Spiritisme et les Savants sans faire état des remarquables travaux du professeur Crawford, du Collège de Belfast, qui a, lui aussi, nettement conclu à l'intervention d'**entités directrices** dans les phénomènes du spiritisme.

En Italie, l'astronome Porro, le professeur Santoliquido, M. Bozzano ; en Russie, les professeurs Aksakof et Ochorowicz, etc., ont apporté leur précieux appoint à la cause spirite.

Le Spiritisme et les Écrivains, Philosophes, etc.

Le grand poète Victor HUGO était franchement spirite. Il a écrit :

Eviter le phénomène spirite, lui faire banqueroute de l'attention à laquelle il a droit, c'est faire banqueroute à la Vérité.

Le Père Lacordaire, le célèbre prédicateur, écrivait à l'époque d'Allan Kardec, à Mme Swetchine :

Avez-vous vu tourner et entendu parler des tables? J'ai dédaigné de les voir tourner, comme une chose trop simple, mais j'en ai entendu et fait parler. Elles m'ont dit des choses assez remarquables sur le passé et sur le présent.

Citons encore ces deux opinions d'écrivains français :

Je crois aux esprits frappeurs d'Amérique, attestés par 16.000 signatures. — Auguste Vacquerie.

J'ai ri, comme tout le monde, du spiritisme, mais ce que je prenais pour le rire de Voltaire n'était que le rire de l'idiot, beaucoup plus commun que le premier. — Eugène Bonnemère.

Et, pour terminer, l'opinion de deux grands philosophes français contemporains :

Boutroux, membre de l'Académie française, qui vient de mourir, écrivait :

Une étude large, complète du psychisme n'offre pas seulement un intérêt de curiosité, même scientifique, mais intéresse encore très directement la vie et la destinée des individus et de l'humanité.

Enfin, Bergson, professeur au Collège de France, dont les doctrines sur l'Evolution ont fait au bruit énorme dans le monde entier, disait, dans une conférence sur l' « Ame et le Corps », le 28 avril 1912:

Si, comme nous avons essayé de le montrer, la vie mentale déborde la vie cérébrale, si le cerveau se borne à traduire en mouvements une petite partie de ce qui se passe dans la conscience, alors la survivance devient si vraisemblable que **l'obligation de la preuve incombera à celui qui nie** *bien plutôt qu'à celui qui affirme ; car l'unique raison de croire à une extinction de la conscience après la mort est qu'on voit le corps se désorganiser, et cette raison n'a plus de valeur si l'indépendance de la presque totalité de la conscience à l'égard du corps est, elle aussi, un fait que l'on constate.*

Le Spiritisme et la Prestidigitation.

On a voulu faire des prestidigitateurs les arbitres de la réalité des phénomènes psychiques. Il est utile de présenter ici l'opinion du plus célèbre d'entre eux, Robert Houdin, dans une lettre au marquis E. de Mirville :

Je suis revenu de cette séance spirite aussi émerveillé que je puisse l'être et persuadé qu'il est tout à fait impossible que le hasard ou l'adresse puissent jamais produire des effets aussi merveilleux. Mon art de prestidigitateur est incapable de les reproduire.

LA REVUE SPIRITE

JOURNAL D'ÉTUDES PSYCHOLOGIQUES
ET DE
SPIRITUALISME EXPÉRIMENTAL

Publication Mensuelle fondée en 1858 par ALLAN KARDEC

Directeur : JEAN MEYER

Principaux Collaborateurs :

CAMILLE FLAMMARION, LÉON DENIS, Général ABAUT,
ALFRED BENEZECH, ERNEST BOZZANO, PASCAL FORTHUNY,
LOUIS GASTIN, etc.

Secrétariat Général :

11, Avenue des Tilleuls, Villa Montmorency, PARIS-16e
Téléphone : Auteuil 25-11

La **Revue Spirite** est la plus ancienne et la plus importante revue spirite et psychique de langue française.

On y trouve, en dehors des articles de fond des auteurs précités, les comptes rendus des Journaux et Revues, Conférences, Congrès, etc., ainsi qu'une rubrique des Sociétés et une Chronique étrangère renseignant le lecteur sur les faits et nouvelles spirites et psychiques du monde entier.

La **Revue Spirite** paraît régulièrement le 15 de chaque mois sur 48 pages de texte, grand format.

PRIX DE L'ABONNEMENT :

France et Colonies Françaises. . . . . . **12** fr. par an
Étranger. . . . . **15** fr. —

Les abonnements partent de **janvier** *et* **juillet**. *Ils se paient d'avance e. un Chèque Postal adressé comme suit : Paul LEYMARIE, Paris, Compte 267.30, ou, pour l'étranger, en un chèque sur Paris ou un mandat international à l'ordre de M. Paul LEYMARIE, 42, rue Saint-Jacques, Paris* (5e).

EN VENTE DANS LES PRINCIPALES LIBRAIRIES, GARES ET KIOSQUES

LA REVUE MÉTAPSYCHIQUE

Bulletin de l'Institut Métapsychique International

Reconnu d'Utilité Publique. (FONDATION JEAN MEYER)

Directeur : Dr G. GELEY

COMITÉ :

Président d'Honneur : Prof. CH. RICHET, de l'Académie des Sciences et de l'Académie de Médecine, Professeur à l'Université de Paris.

Président : Prof. Rocco SANTOLIQUIDO, Conseiller d'Etat d'Italie, Conseiller Technique de Santé Publique internationale.

Vice-Président : Comte A. DE GRAMONT, de l'Académie des Sciences.

Membres : MM. BOZZANO (ERNEST).
CALMETTE (Dr), Médecin Inspecteur Général.
DELANNE (GABRIEL).
FLAMMARION (CAMILLE), Directeur de l'Observatoire de Juvisy :
LODGE (OLIVER), de l'Académie Royale de Londres, Recteur de l'Université de Birmingham ;
ROCHE (JULES), ancien Ministre ;
TEISSIER (DR. J.), Professeur de Clinique Médicale à la Faculté de Lyon.

L'Institut Métapsychique poursuit, sous la direction du Dr Geley, les recherches scientifiques relatives à tous les phénomènes d'ordre psychique qui se produisent en France ou à l'Etranger, centralisant les découvertes qui résultent des études faites dans toutes les parties du monde.

L'Institut admet :

1° des adhérents (cotisation annuelle minima de 25 francs) :
2° des adhérents honoraires (cotisation annuelle minima de 50 francs);
3° des bienfaiteurs (versement d'au moins 500 francs une fois donnés).

La Revue Métapsychique, paraissant tous les deux mois, rend compte des résultats des travaux et expériences effectués à l'Institut. Tous les adhérents la reçoivent gratuitement.

ABONNEMENT SÉPARÉ : **30** francs par an.

*Pour tous renseignements complémentaires, s'adresser à **M. le** Dr Gustave GELEY, Directeur de l'Institut, 89, avenue Niel, Paris (17e) Tél. Wagram 65-48.*

MAYENNE, IMPRIMERIE FLOCH

www.ingramcontent.com/pod-product-compliance
Ingram Content Group UK Ltd.
Pitfield, Milton Keynes, MK11 3LW, UK
UKHW022129260726
13993UKWH00003B/1323